Sussurros do Infinito

Editora Appris Ltda.
1.ª Edição - Copyright© 2024 do autor
Direitos de Edição Reservados à Editora Appris Ltda.

Nenhuma parte desta obra poderá ser utilizada indevidamente, sem estar de acordo com a Lei nº 9.610/98. Se incorreções forem encontradas, serão de exclusiva responsabilidade de seus organizadores. Foi realizado o Depósito Legal na Fundação Biblioteca Nacional, de acordo com as Leis nºs 10.994, de 14/12/2004, e 12.192, de 14/01/2010.

Catalogação na Fonte
Elaborado por: Dayanne Leal Souza
Bibliotecária CRB 9/2162

T591s 2024	Tinoco, Carlos Alberto Sussurros do infinito / Carlos Alberto Tinoco. – 1. ed. – Curitiba: Appris, 2024. 112 p. : il. ; 21 cm. ISBN 978-65-250-6102-3 1. Literatura brasileira - Poesia. 2. Amor. 3. Fé. I. Tinoco, Carlos Alberto. II. Título. CDD – B869.91

Appris editora

Editora e Livraria Appris Ltda.
Av. Manoel Ribas, 2265 – Mercês
Curitiba/PR – CEP: 80810-002
Tel. (41) 3156 - 4731
www.editoraappris.com.br

Printed in Brazil
Impresso no Brasil

Carlos Alberto Tinoco

Sussurros do Infinito

Appris *editora*

Curitiba, PR
2024

FICHA TÉCNICA

EDITORIAL	Augusto Coelho
	Sara C. de Andrade Coelho
COMITÊ EDITORIAL	Ana El Achkar (UNIVERSO/RJ)
	Andréa Barbosa Gouveia (UFPR)
	Conrado Moreira Mendes (PUC-MG)
	Eliete Correia dos Santos (UEPB)
	Fabiano Santos (UERJ/IESP)
	Francinete Fernandes de Sousa (UEPB)
	Francisco Carlos Duarte (PUCPR)
	Francisco de Assis (Fiam-Faam, SP, Brasil)
	Jacques de Lima Ferreira (UP)
	Juliana Reichert Assunção Tonelli (UEL)
	Maria Aparecida Barbosa (USP)
	Maria Helena Zamora (PUC-Rio)
	Maria Margarida de Andrade (Umack)
	Marilda Aparecida Behrens (PUCPR)
	Marli Caetano
	Roque Ismael da Costa Güllich (UFFS)
	Toni Reis (UFPR)
	Valdomiro de Oliveira (UFPR)
	Valério Brusamolin (IFPR)
SUPERVISOR DA PRODUÇÃO	Renata Cristina Lopes Miccelli
REVISÃO	Amélia Cavalcanti
PROJETO GRÁFICO	Renata Cristina Lopes Miccelli

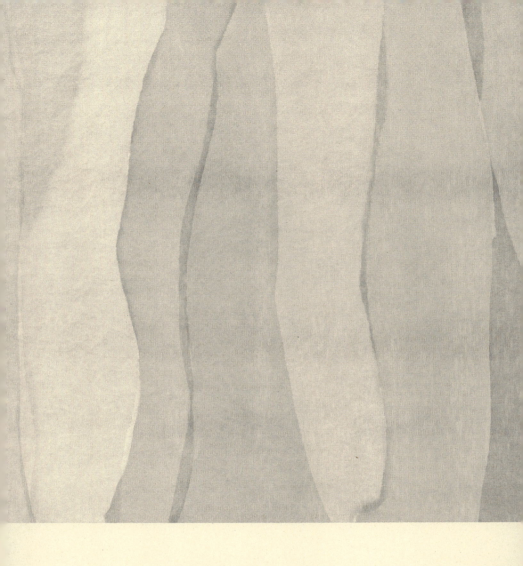

*Aos queridos amigos já falecidos (*in memoriam*), meus primeiros mestres espirituais e a quem muito devo: Ignácio Magalhães, que, em Natal (RN), no ano de 1966, me presenteou com um exemplar da Bhagavad Gîtâ, e Alfredo Enriques Trigueiro, que, em Manaus (AM), no ano de 1973, me presenteou com um exemplar de Parnaso de Além Túmulo.*

A vocês, dedico este livro.

PREFÁCIO

Caro leitor,

Neste universo de palavras, em que cada verso é uma nova jornada para a alma, apresento-lhes *Sussurros do Infinito*, um livro de poesias que é uma jornada pelos caminhos misteriosos da emoção humana.

Ao folhear as páginas desta obra, prepare-se para ser envolvido por um espetáculo de sensações, no qual o autor, Carlos Alberto Tinoco, tece uma tapeçaria poética que transcende o ordinário.

Sussurros do Infinito não é apenas uma coleção de versos, e sim um eco inefável, um murmúrio que transcende as barreiras do tangível. Aqui, o autor nos guia por paisagens emocionais, tocando temas universais com a delicadeza de quem explora constelações no céu da alma.

Neste livro, as palavras são mais que simples traços sobre o papel, são sussurros de uma narrativa cósmica, uma ode à condição humana. Cada poema é um portal para um universo próprio, onde a linguagem se torna a chave para os segredos da alma.

Ao mergulhar nestas páginas, convido você, caro leitor, a se perder nos labirintos da poesia, a se deixar levar pelas correntes melódicas das palavras. Que *Sussurros do Infinito* seja não apenas um livro, como também uma experiência transcendental, um convite para explorar os cantos mais profundos da sua própria existência.

Que estas palavras sejam um eco etéreo que ressoa além do tempo, um convite para dançar sob o luar das emoções e descobrir, nas entrelinhas, a poesia que pulsa em cada coração humano.

Sinto-me envaidecida por poder prefaciar esta bela obra.

Boa leitura!

Angela Cristina Gonçalves Teixeira
Leite Carneiro Ramos

APRESENTAÇÃO

Este pequeno livro de poesias e crônicas é fruto de experiências místicas, ou religiosas, vivenciadas por mim em datas variadas, em fins de 2023, e próximas. As experiências místicas também são chamadas de "epifania", "hierofanias" e são estudadas pela nova ciência denominada, pelo Dr. Andrew Newberg, nos Estados Unidos, de "neuroteologia".

Essas experiências foram vividas como se fossem uma "possessão espiritual", uma "canalização" ou uma "experiência mediúnica" acontecida em diversos horários e dias. Eu sentia como se "uma força" de natureza não-física se apoderasse de mim! Era uma espécie de "comando" ou "ordem", um tipo de "compulsão" que me obrigava a escrever. Depois de escrever de forma manuscrita e em velocidades variadas, tudo desaparecia como que por encanto. Escrevi este livro em pouco mais de 30 dias.

Não sou poeta e nunca pretendi sê-lo, e espero, de meus eventuais leitores, críticas e sugestões. Para isso, disponho de meu e-mail, yogatatva@yahoo.com.br, e meu Blog, www.carlostinoco. blogspot.com.

Boa leitura!

Carlos Alberto Tinoco

Engenheiro civil, mestre em Educação e doutor em História da Educação, com uma tese sobre o Yoga.

SUMÁRIO

POESIAS

TUA PRESENÇA 14

O ANCORADOURO DA VIDA 16

MEU TUDO 18

PRIMAVERA SEM FIM 20

SOMOS UM 22

CANÇÃO INFINITA 24

REBANHOS DE ESTRELAS 26

MINHA ORAÇÃO 28

CONFISSÃO 30

PASSOS SILENCIOSOS 32

QUANDO EU DEIXAR ESTA VIDA 34

O SENHOR DA MINHA VIDA 36

A VISITA 38

ORAÇÃO 40

INQUIETUDE 42

A FÉ 44

FIAT LUX 46

MEUS PASSOS 48

SONHO 50

A ESTRADA 52

TUA MAGIA 54

ROSA BRANCA 56

O HÓSPEDE 58

AS CRIANÇAS 60

EM TEUS BRAÇOS...62

DEVOÇÃO...64

ETERNO POETA 66

IMORTAL SENHOR...68

PRIMAVERA ETERNA 70

SEGUIR UMA ESTRELA...72

VOZ DAS ALMAS..74

VEM, MEU SENHOR...76

CRÔNICAS

RABINDRATH TAGORE...80

SÃO JOÃO DA CRUZ..84

JAN VAN RUYSBROECK...88

EVELYN UNDERHILLL..92

OS CHAKRAS...96

A "ENERGIA" KUNDALINI..103

TÚMULO DE SÃO PEDRO, APÓSTOLO...107

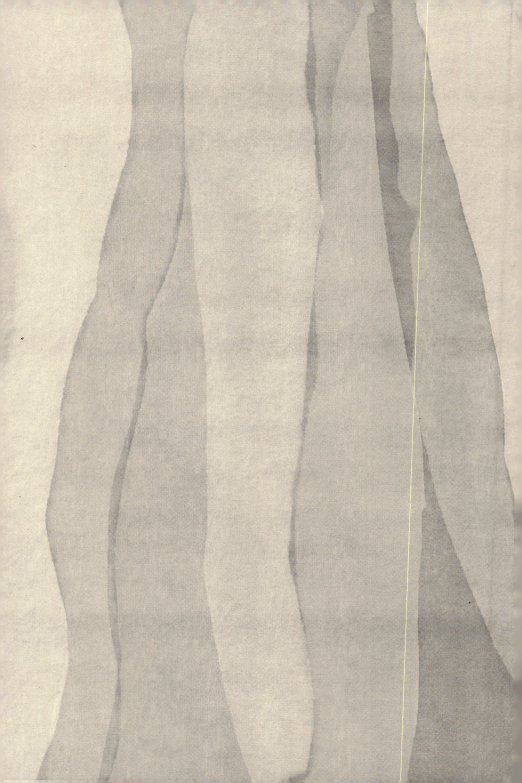

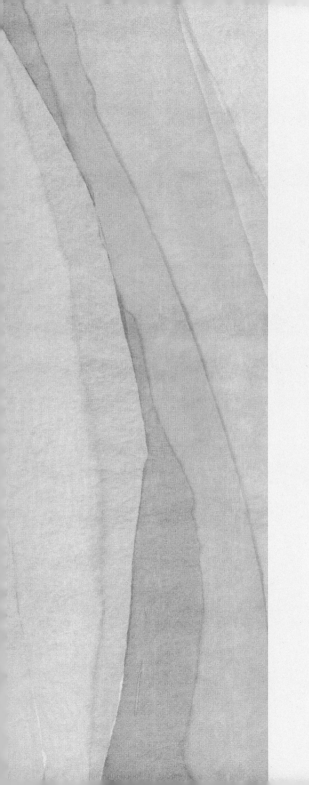

POESIAS

TUA PRESENÇA

Ó Meu Senhor!
Quando Tu queres que eu fale,
Sai da minha boca, uma palavra que vale.

Quando Tu queres que eu cante,
Saem do meu coração, canções do levante.

Quando Tu queres que eu ouça,
Chegam aos meus ouvidos, palavras leves como louça.

Quando queres que eu sinta,
Chega à minha pele, uma sensação distinta.

Quando queres que eu veja,
Chegam aos meus olhos, uma luz que viceja.

Ó Amado do meu coração!

Curitiba, 16 de outubro de 2023

Carlos Alberto Tinoco

15

O ANCORADOURO DA VIDA

Não sei o que faço
Com esta paixão que
Sinto pelo Infinito.

O dia ainda não terminou
E com a Tua ausência
A noite ficou sombria e
A minha estrada se
Tornará solitária.

Depois de muito caminhar
Chegarei ao ancoradouro
Da vida, e não haverá
Mais o que percorrer.

Por confiar em Ti,
Darei mais um passo em
Direção ao mar.

Um dia eu Ti alcançarei
E escutarei o som da
Tua flauta, doçura
Mística, única,
E só então ouvirei
O pássaro, Teu mensageiro,
Que me trará a Tua
Música, onde escutarei a Tua Voz!

Curitiba, 04 de outubro de 2023

MEU TUDO

Nesta vida, nada é superior à compaixão.
A compaixão conduz à experiência mística,
A união com Deus, o Samadhi.
Mas a experiência mística pode não
Conduzir à compaixão!

O que pode haver mais tranquilo que
A casa branca da floresta,
Onde Ti aguardo desde sempre?
O que pode ser mais venturosa
Que a Tua ternura discreta?

Ó meu Senhor, o que é maior ,
A Tua presença em minha vida,
Ou a magia do sol, ao entardecer?
Nada, meu Senhor,
Por que Tu és Tudo!

Curitiba, 05 de outubro de 2023

Carlos Alberto Tinoco

PRIMAVERA SEM FIM

Ó Misterioso Desconhecido!
Aguardo sempre uma
Chance, para deixar
Mansamente, que Tu
Me embales
Nas asas do pássaro
Branco da fantasia.

Enquanto o mar for
Bravio ou sereno
Eu serei para Ti, como
Uma sombra,
Como a sobra dos meus anseios
De Ti amar cada vez mais,

Ó Primavera sem Fim!

Curitiba, 05 de outubro de 2023

Carlos Alberto Tinoco

SOMOS UM

Quando a solidão
Afastar a alegria
E uma enorme
Saudade e ternura
Se derramar sobre
O meu Ser.

Quando esse nostálgico
Amor, se instalar no
Meu dormir,
Eu estarei sempre Contigo,
No som do silêncio
No murmúrio da escuridão
E no calor do sol.

E assim
Eu estarei sempre Contigo
Pois haverei terminado
A Grande Travessia
Desta estrada
Que me levará
Ao Teu coração!

Curitiba, 05 de outubro de 2023

Carlos Alberto Tinoco

CANÇÃO INFINITA

O Insondável murmurou aos meus
Ouvidos, uma canção Infinita!

Então, eu escutei um clamor
Que depois de algum tempo, se aquietou.

E no meu coração eu me senti amoroso,
Tendo na minha alma, um sentimento ardoroso.

E em paragens místicas assim,
Eu senti a Tua presença, enfim,

Como se ouvisse, ensinamentos místicos
Daqueles muito sábios, holísticos.

E mergulhei naquelas profundezas,
Foi quando então, percebi, grandes belezas!

Ó Senhor da Minha Vida!

Curitiba, 10 de outubro de 2023

Carlos Alberto Tinoco

REBANHOS DE ESTRELAS

As brilhantes estrelas no céu,
Parecem um rebanho de ovelhas, ao léu,
Porque bateste à minha porta, Senhor,
Se diante de Ti, não passo de um pecador?

Meu coração se apaixonou por Ti,
Como quem canta uma canção noturna,
Sem Ti já não posso existir
E na Tua ausência, minha alma é soturna.
Ó Insondável Ser, Divino!

Curitiba, 12 de outubro de 2023

Carlos Alberto Tinoco

MINHA ORAÇÃO

Escuta-me Ó minha Divina Mãe!
Por mais que os Teus versos me abalem,
Por mais que os Teus olhos exalem,
E que Teus perfumes, me falem,
Que eu nunca enfraqueça ou Te esqueça,
E por mais que não olhes para mim,
Meu amor por Ti não terá fim,
Mesmo que eu não Ti mereça!
Ó Senhora da Minha Vida!

Carlos Alberto Tinoco

CONFISSÃO

Ó Meu Poeta Transcendental!
Quando me deste aquele beijo sobrenatural,
Não desejei mais uma vez partir,
Pois não pretendi repartir
A minha imensa e imortal tristeza,
Por não mais Te sentir na natureza!

Ó Meu Senhor Imortal!
A Ti sou sempre muito leal,
E Ti amo por toda minha vida dolorosa,
Pois a minha alma por Ti é amorosa.
Estou sempre pensando em Ti, como artista,
Pois Tu és minha maior conquista!
Ó Meu Senhor Eterno!

Curitiba, 09 de outubro de 2023

Carlos Alberto Tinoco

PASSOS SILENCIOSOS

Ó Senhor dos passos silenciosos!
Quando Ti vi naquele dia,
Eu Te pedi com alegria,
Para atravessar o rio da vida, frio,
E foi quando senti um arrepio.
Quem és Tu, que me segues sorrateiro,
Todos os dias, assim, certeiro?

Ó Mestre de todos os Mestres!
Como o pássaro da saudade,
Sempre Te procuro como a Verdade,
E não Ti encontro, sou tristonho,
E sigo sempre este sonho,
De Ti encontrar nos meus jardins,
Onde sempre planto jasmins!
Ó Senhor da minha vida!
Como uma ave tímida, escondida,
Tu voas sobre o meu coração,
Como se fosse uma oração,
Dita naquela manhã, cedo,
Pois Tu és o meu rochedo
E Contigo não sinto medo!

Curitiba, 02 de outubro de 2023

Carlos Alberto Tinoco

33

QUANDO EU DEIXAR ESTA VIDA

Ó Meu Senhor,
Sem nome nem forma!
Quando eu deixar esta vida,
O meu corpo, como um alude,
Estará partido,
E atirado a um canto.
Mas a música,
A minha alma,
Continuará executando
As Tuas doces canções!
Quando eu deixar esta vida,
Meu corpo, como uma árvore,
Estará tombada,
Mas o pássaro,
A minha alma,
Que nela habita,
Continuará cantando
Através dos seus gorjeios!

Quando eu partir desta vida,
Encontrarei do outro lado, perdida
Uma bela árvore, florida
Toda ela como uma folha colorida!

Curitiba, 14 de outubro de 2023

Carlos Alberto Tinoco

O SENHOR DA MINHA VIDA

Ó Senhor da minha vida !
Como o luar de muitas serenatas,
Tu lentamente me arrebatas
Nesta bela noite majestosa.

E como uma mística religiosa
Que calada e alucinada,
De mansinho, como um passarinho,
Seu coração puro me devora,
Naqueles tempos de outrora,
Pois sou como o vento que vem devagarinho.

Ó Senhor da minha vida !
Nunca mais ficarei triste,
Porque estarei convicto de que Tu existes,
Pois encontrei Tua beleza na tristeza,
Daqueles olhos claros como os jasmins,
Que se encontram nos meus jardins!

Ah! Quanta tristeza
Há na imensa beleza
Do muito crer e do sofrer
Que me faz dolente, suavemente.
Ó Senhor sem nome nem forma!

Curitiba, 22 de outubro de 2023

Carlos Alberto Tinoco

A VISITA

Ó Senhor da minha vida!
De repente eu me sinto invadido
E é quando me percebo confundido
Pelos sons dos teus violinos
Muito suaves e finos
Quando Tu chegas sorrindo
Meu coração vai Te seguindo!

Sinto por Ti esse imenso Amor,
Pois estou imerso no Teu calor.
Tu és o poder luminoso
Que me sobrevém vertiginoso
Como o frêmito de asas ligeiras
Que roçam meu peito como mensageiras.

Ó Senhor da minha vida!

Carlos Alberto Tinoco

ORAÇÃO

Toda prece, brota do nosso Ser, santo!
Ela não necessita de palavras, como o canto,
E deve ser dita com a pureza do amanhecer.
A prece é doce música da alma, ao entardecer.

Os efeitos da prece, podem demorar,
Mas nunca falham, como o amar.
A oração é um método infalível, austero,
De purificar o coração e a mente, como quero.

A prece deve estar sempre à porta
Aliada à mais profunda humildade, não morta.
Ela deve ser vazia de tudo, primorosa,
Embora o coração tudo saiba, como a rosa.

Toda oração é como uma lâmpada da alma,
E deve ser sempre muito calma
Que nos eleve ao paraíso, como um aviso,
Ou ao coração de Deus, como o adeus!

Curitiba, 29 de setembro de 2023

Carlos Alberto Tinoco

INQUIETUDE

Ó Meu Senhor!
Não tenho sossego
Pois a minha alma
Tem muita sede
Pelo Infinito!
Ó Meu Senhor!
O meu espírito
Aspira pelo
Grande Desconhecido
A quem procuro!
O meu coração
Busca sempre
Por Ti, que és
Como a Grande Voz
Ó Pungente Amigo!
Ó Meu Bem Amado!
Tu és o cantor
De Eternas melodias
Que ressoam
No meu coração!
Onde estais , que
Não Ti vejo
Embora Ti procure
Por onde vou,
Nesta e em outras vidas ?

Curitiba, 29 de setembro de 2023

Carlos Alberto Tinoco

A FÉ

Ó Meu Senhor!
O universo se comporta
Como se soubesse
Com antecedência
Que a vida estava chegando.
As propriedades do universo
Parecem haver sido ajustadas
Para que a vida fosse gerada.
Quais os passos dados, da
Matéria inorgânica, para
A matéria viva?
Quais os passos dados
Da matéria viva,
Para a consciência?
A crença em Deus
Sempre exigirá
Um salto de fé!

Curitiba, 25 de setembro de 2023

Carlos Alberto Tinoco

FIAT LUX

Ó Senhor da Minha Vida!
Há quatorze bilhões
De anos atrás,
Nada havia.
Existia apenas um
Um grande nada !
Mas, o Teu olho
Que tudo vê
Observava aquele
Grande vazio.
De repente, sob
O Teu comando,
De um ponto,
Começou um fluxo
De tempo, de espaço,
De massa e energia
E tudo começou a existir!
Ó Senhor, sem nome nem forma!

Curitiba, 24 de setembro de 2023

Carlos Alberto Tinoco

MEUS PASSOS

Ó Meu Senhor!
Quando ordenas que eu cante,
Eu sinto que todos os girassóis
Se abrirão à sombra.
E todas as flores do mundo
Serão polinizadas pelo
Enxame de abelhas que zunem!
Ó Amado do Meu Coração!
Sou como um viajante
Que está sempre partindo
Para seguir nessa jornada
Que, passo a passo,
Me levará até Ti, como o abraço
Que conduzirei no meu regaço!

Curitiba, 30 de setembro de 2023

Carlos Alberto Tinoco

49

SONHO

Naquela noite, ela sonhou que
O seu amor lhe havia dado
Uma linda flor.
No outro dia, ao despertar,
Ela notou que havia
Uma flor em sua mão!

Curitiba, 30de setembro de 2023

Carlos Alberto Tinoco

51

A ESTRADA

Vem, meu amor,
Caminhemos juntos
Pela estrada que nos
Levará aos mistérios da vida.
Quero te falar sobre
Coisas que os ouvidos
Não escutam
E os olhos não veem.
Falaremos através das
Nossas almas.
Vem, meu amor,
Vem comigo como
Uma rosa branca
Despetalada pelo vento.
Somente as almas
Conhecem o segredo
E a essência de tudo.
Vem, meu amor,
A estrada é longa
E temos muito a caminhar!

Curitiba, 21 de setembro de 2023

Carlos Alberto Tinoco

53

TUA MAGIA

Ó Meu Poeta Insondável!
Que magia é esta, que Tu
Criaste e que observo
Todas as manhãs, quando
Abro as janelas
Da minha casa?

Tua magia existe, e é
Percebida por aqueles
Que se amam, ou ao tocar
Na flor do mato,
Observada naquele canto
Obscuro do meu jardim!
Nas minhas madrugadas
Insones, eu escuto
O longínquo som da
Tua flauta de bambu
Que traz uma mensagem
Tua, ao meu coração !

Curitiba, 06 de outubro de 2023

Carlos Alberto Tinoco

ROSA BRANCA

Ó Imortal Senhor!
Serei sempre o Teu pescador
Tu és para mim, como uma rosa branca
Pois a vida sempre do meu peito arranca
Esse imenso amor que tenho por meu Deus
Que para sempre, nunca me dará adeus!

Há no fundo dos meus olhos
Um belo ramo de estolhos.
No meu Ser corre um sopro de vida espiritual
Pois sou muito frágil como um cristal.
Vejo Tua beleza em todas as borboletas
Mais belas que as cores violetas.
Ó Senhor da minha vida!

Curitiba, 10 de outubro de 2023

O HÓSPEDE

Ó Meu Senhor!
Sou como uma peregrina
Que caminha para o fim da vida
Como aquela dançarina
Que usa roupa colorida.

Deixo a todos a minha despedida.
Vou Te levar sempre à minha casa,
Pois sinto a minha alma abatida,
Nesta tarde quente que me abrasa!

Tu és o hóspede do meu coração
E quando fores embora
Sentirei no meu peito uma grade paixão
Como nos tempos de outrora!

Curitiba, 12 de outubro de 2023

Carlos Alberto Tinoco

AS CRIANÇAS

Para meu bisnetinho Milo Ottiano
As crianças sempre falam sobre
Coisas que não sabem nominar.
Elas também veem coisas
Que só elas podem chamar.

As crianças falam com anjos
Todos belos como o luar.
Eles são arcanjos
Que vivem no céu, a cantar.

As crianças são belas e puras
Como as estrelas do céu.
São como nuvens obscuras
Sempre vistas, ao léu.

Ser criança é ser ditosa
Linda, pura e bela
Como a comidinha gostosa
Muito apreciada por elas.

Curitiba, 27 de outubro de 2023

Carlos Alberto Tinoco

61

EM TEUS BRAÇOS

Ó Meu Senhor Infinito!
Quero ser como uma criança em Teus braços,
Quando então, verei flores em um dia bonito,
Pois Contigo desejo criar muitos laços.

Meu amor por Ti, se afirma na Eternidade.
Já não sei andar só pelos caminhos.
Tu és a expressão maior da minha religiosidade
E tenho anseios pelos Teus carinhos.

Ó minha música sem fim!
Tenho por Ti, arraigado no meu coração,
O suave e doce perfume do alecrim
Até na morte, terei por Ti, grande paixão.
Ó Amado da minha vida!

Curitiba, 39 de outubro de 2023

Carlos Alberto Tinoco

DEVOÇÃO

O amor e a devoção
São formas intensas de oração
E devem ser ditas em solidão
Pois são formas de aquecer o coração.

Ó meu Deus, Tu me destes tudo,
Me destes paz, amor e felicidade,
Pois sempre foste o meu escudo.
Tu és a melhor forma de benignidade.

Tu sempre me visitas ao entardecer
E é quando sinto meu coração aquecer
Eu e Tu, temos muita cumplicidade,
Pois Tu és a minha prioridade.

Ó Amado da minha vida!

Curitiba, 30 de outubro de 2023

ETERNO POETA

Ó Senhor meu pai, meu Deus,
Tu és o Meu Eterno Poeta
Em todas as horas, não quero Ti dizer Adeus,
Tu és e serás sempre, a minha meta.

Tenho por Ti, o Amor mais profundo.
Tu sempre vens a mim, ao amanhecer.
Eu sei que sem Ti, sou moribundo.
Nada mais desejo, a não ser Te conhecer.

Te vejo e Te ouço em todas as tempestades,
Em toda as flores, nos pássaros e nuvens.
Eu Te ouço e Te sinto, em todas as tardes
E sei que Te percebo, como os fogos que ardem.
Ó Meu Eterno Poeta!

Curitiba, 30 de outubro de 2023

Carlos Alberto Tinoco

67

IMORTAL SENHOR

Vem meu Amado Senhor!
Quero ver a estrela que há em Teus olhos,
Quero beijar as rosas que estão
Nos Teus pés.

Quero Te abraçar na aurora
Que brilha no amanhecer
Quero sentir Tua Graça, charmosa,
De dia, de noite, ao entardecer.

Vem, meu Insondável e Amado!
Quero Ti adorar nas manhãs
Em todos os amanhãs
Pela Tua criação, Tu és aclamado.
Ó Senhor da minha vida!

Curitiba, 30 de outubro de 2023

Carlos Alberto Tinoco

69

PRIMAVERA ETERNA

Ó Meu Senhor Insondável!
Tenho por Ti, um amor incompreendido.
Tu és o Meu Senhor Inefável.
Para mim, Tu ainda és o Grande Desconhecido.

Quando penso em Ti, me sinto
Enamorado pelo mar, pelo sol,
E me sinto como um ocaso distinto.

Ó Amado, Tu és como o amor de um beijo,
Dado por Ti, nos meus lábios
Que faz surgir um desejo
Como aquele dos homens sábios.
Ó Primavera Eterna!

Curitiba, novembro de 2023

Carlos Alberto Tinoco

SEGUIR UMA ESTRELA

Oh ! Meu Senhor Infinito!
Indaguei por Ti ao meu tempo interior
E a resposta veio quando segui uma estrela.

Em minha procura por Ti
Pintei de rosa as minhas roupas
Por não poder de rosa, pintar as ruas.

Sempre haverá um amanhã
Para Ti sentir no mar, e no por do sol.
Faço silêncio e Tu me apareces.

Falo e Tu desapareces
Onde o Espírito Eterno vem com a Sua luz,
Devo apagar a minha pequena lâmpada.
Ó Luz sem Fim!

Curitiba, 07 de outubro de 2023

Carlos Alberto Tinoco

VOZ DAS ALMAS

Ó Meu Senhor!
A música da Tua harpa
É como um lamento para
O meu coração e o meu espírito.

Vou compreender Tuas mensagens, e
Eu as entenderei com o meu espírito,
Somente as almas são capazes de
Compreender as Tuas palavras.

Vem a mim, meu Senhor,
Nada tenho para Te dar, a
Não ser o que trago no peito,
Essa rosa vermelha do meu amor.

Somente Tu, podes saber o que
Vai nas almas dos seres.
Eu e Tu somos um, como o Atman
E o Brahmâm das Upanishads.

Curitiba, 16 de novembro de 2023

Carlos Alberto Tinoco

VEM, MEU SENHOR

Em cada coisa que vejo, sinto a Tua imagem.
Eu amo cada coisa que imagino parecer Contigo,
E nelas procuro e vejo Tua força e coragem
E me engano nesse sonho no qual prossigo.

Não quero sofrer em cada olhar o desinteresse Teu
E sonho com o instante de Tê-Lo comigo
E sofro meu Senhor, por não estar Contigo,
Pois quero, em qualquer momento, ser Seu!

Curitiba, 30 de outubro de 2023

Carlos Alberto Tinoco

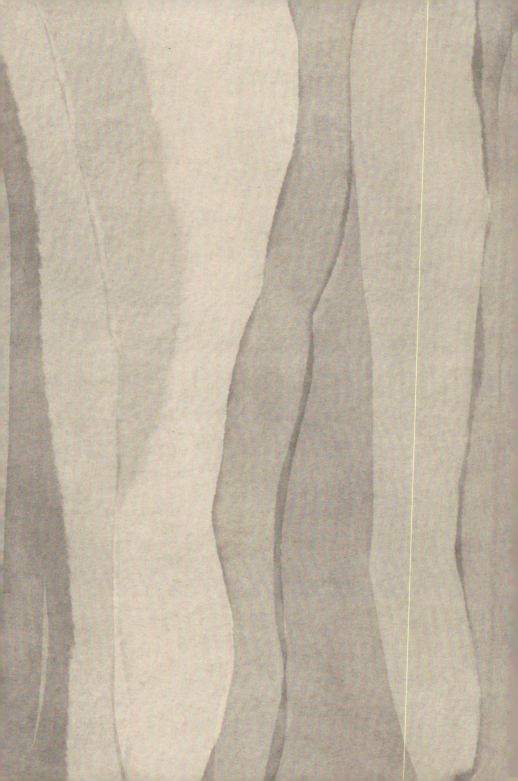

CRÔNICAS

RABINDRATH TAGORE

Retirado de: com/search?client=firefox-b-d&q=rabindranath+ta-gore#vhid=A

Tenho por tudo o que Tagore escreveu um profundo respeito místico. Nele está o poder e o encanto da milenar metafísica hindu, o poder que opera na alma dos yogues, dos santos, dos Rishis e dos Sadhus de todos os tempos. Pra mim, Tagore foi o poeta, músico, educador e pintor que a Espiritualidade Superior escolheu para falar em Seu Nome. Tagore é como um pássaro que nos trás, no revolutear do seu voo, uma mensagem do Infinito.

Tagore foi, e é, equivalente ao insondável murmurando mensagens impossíveis aos meus ouvidos. A sua "flauta" é inconfundível; a sua pujança inigualável; e sua doçura espiritual única.

Ao ler os seus poemas, romances e crônicas, meu coração é transportado pelas asas de um pássaro amoroso. Então, mergulho nas profundezas do seu pensamento.

Rabindranat Tagor, vale lembrar, ganhou o Prêmio Nobel de Literatura em 1913, com a publicação do seu livro *Gitânjali*, ou *Oferendas Líricas*.

Dirigindo-se ao Criador, ele escreveu em seu livro *Gitânjali*[1]:

Quando queres que eu cante, parece
Que o meu coração vai estalar de
Orgulho; e eu olho para o teu rosto, e
Vem lágrimas aos meus olhos.

Tudo o que em minha vida é áspero
E dissonante confunde-se numa
Harmonia única e suave – e a minha
Adoração solta as asas como um pássaro
Feliz no seu voo sobre o mar.

Sei que gostas do meu canto. Sei
Que é só como um cantor que posso
Estar diante de Ti.

Com a ponta da asa largamente
Aberta do meu cântico eu roço os teus
Pés que nunca esperei poder alcançar.

Bêbado de alegria de cantar, esqueço -me
De mim mesmo e chamo-te Amigo,
A ti que és o meu senhor.

---

[1] TAGORE, Rabindranat. **Gitânjali**. São Paulo: Livraria José Olympio Editora, 1948. p. 8-9.

SÃO JOÃO DA CRUZ

Frei João da Cruz nasceu em Fontiveros (Ávila), Espanha, em data ignorada. Viveu pouco, falecendo aos 49 anos de idade. Teve uma infância pobre e difícil. Recebeu o título religioso de Frei João de São Matias em 1563. Foi ordenado sacerdote em Salamanca, no Capítulo Provincial e Ávila.

Em 1567, encontrou-se pela primeira vez com Santa Teresa, conhecida por Santa Teresa D'Avila, em Medina. À meia noite de uma sexta feira, 13 de agosto de 1591, faleceu em Ubeda.

A Espanha do século XVI estava envolta na grandeza política, militar e nacionalista pelas vitórias militares e façanhas marítimas, pela conquista dos Astecas no atual México e também pela conquista dos Incas na América do Sul.

A atividade de São João da Cruz como escritor místico ocupa um lugar de pouco destaque em sua existência; atividade que foi iniciada um tanto tardiamente, aos 35 anos de idade. Nos últimos anos da sua vida, não escreveu quase nada.

Iniciou-se como escritor em uma etapa difícil, preso em um cárcere em Toledo. Dizem alguns dos seus biógrafos (Frei Patrício Sciandini) que foi no sofrimento e na solidão mais profunda que nasceu o escritor Frei João da Cruz. Ele relatou de forma marcante suas experiências pessoais, a profunda busca por Deus.

São João da Cruz foi um grande místico e teólogo. Conhecedor da Teologia Cristã, escreveu belos poemas e textos sobre o seu encontro com o Divino. Foi confessor e orientador espiritual de Santa Teresa D'Avila.

Do seu poema "Canções de Amor Entre a Alma e Deus", podemos destacar o seguinte[2]:

---

[2] DA CRUZ, São João. **Obras Completas**. Petrópolis, RJ: Editora Vozes, 1984. p. 579-580.

IV

"Ó bosques de esperanças,
Plantados pela mão do Meu Amado !
Ó prado de verduras,
De flores esmaltado,
Dizei-me se por vós ele há passado"

V

"Mil graças derramando
Passou por estes santos com presteza
E, quando ia olhando,
Só com sua figura,
A todos revestiu de formosura"

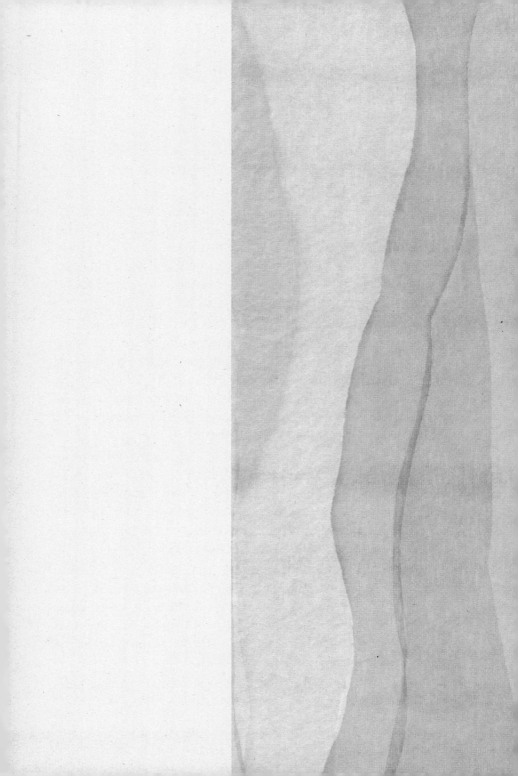

JAN VAN RUYSBROECK

Jan Van Ruysbroeck foi um monge e místico cristão, considerado um dos maiores dentre todos os contemplativos.

Ele nasceu antes do fim da Idade Média, em 1293, em um pequeno povoado de Ruysbroeck em Bruxelas e Hal, de onde deriva o seu nome, passando toda a sua vida na província de Brabante. Aos 12 anos de idade, fugiu de casa, passando a residir com seu tio Jan Hinckaert. Este vivia uma vida ascética com outro sacerdote, Francis Van Coudeberg, sendo devotado a orações e atividades de compaixão.

Os dois sacerdotes deram a Jan Van Ruysbroeck uma educação religiosa que incluía, além de estudos bíblicos, o estudo da teologia e filosofia cristã. Quando completou 50 anos, em 1343, juntamente a Hinckaert e Coudemberg, abandonou Bruxelas para sempre, tocado pela necessidade de vida austera e de recolhimento, instalando-se em local solitário do país, dedicando-se a uma vida de contemplação, louvores religiosos e estudos.

A ele e seus companheiros de jornada foi dado o eremitério de Greenedael, localizado no bosque de Saignes. Ali, eles formaram uma comunidade de monges agostinianos em companhia de outros religiosos. Ruysbroeck viveu no referido eremitério por 38 anos seguidos, desfrutando de longas caminhadas naquele bosque. Todos os seus grandes trabalhos foram escritos ali.

Ruysbroeck era visto sempre em estado elevado de meditação, em êxtase místico. Ele dizia que seu espírito estava em contato com o "Oceano de Deus". Sua alma estava sempre "imersa na unidade com o Criador". Ele também dizia que "Deus é um Oceano de Fluxo e Refluxo". O tema de todos os seus escritos mais importantes é o crescimento e o desenvolvimento da alma.

Ele dizia ainda que o objetivo da alma humana era o estado de uma unificação de "pura simplicidade", na qual o seu espírito era capaz de "perder-se a si mesmo no Amor Insondável" e entrar em contato com a completa e beatífica alegria de Deus. Dizia ainda que o Espírito Santo estava sempre "caçando o espírito do homem". Ruysbrioeck se considerava um "amigo secreto de Deus".

Para ele, a Realidade Espiritual está além de todos os atributos e condições que não é nem isso, nem aquilo; que é o "sem modo", o Absoluto no qual todas as formas e modos estão além da razão, algo semelhante ao que dizem as Upanishads do hinduísmo. O homem deve sempre "Ver com os olhos de Deus".

"Minhas palavras [...]", dizia ele, "[...] são estranhas, mas aqueles que amam entenderão".

Aos 88 anos de idade, suas forças o abandonaram e, no dia 02 de dezembro de 1381, após uma rápida enfermidade, faleceu.

Seus livros autênticos foram os seguintes[3]:

1. *The Spiritual Tabernacle;*

2. *The Twelve Points of the True Faith;*

3. *The Book Of the Four Temtantion;*

4. *The Kingdow of God's Lovers;*

5. *O Ornamento do Casamento Espiritual (Português);*

6. *The Mirror of Eternal Salvation;*

7. *The Seven Degrees of Love;*

8. *The Seven Cloister;*

9. *A Pedra Brilhante;*

10. *O Livro da Suprema Verdade;*

11. *O Livro das Doze Beguinas.*

---

[3] Dados extraídos do livro: RUYSBROECK, Jan van.**O Ornamento do Casamento Espiritual**. Tradução de Lúcia Beatriz Primo. São Paulo: Polar Editorial e Comercial, 2013.

EVELYN UNDERHILL

Evelyn Underhill nasceu em 06 de dezembro de 1875 e faleceu em 15 de junho de 1941. Foi uma escritora inglesa conhecida por sua militância pacifista e por seus inúmeros trabalhos sobre a prática religiosa e o misticismo cristão.

Sua obra mais famosa é *Mysticism: A Study in the Nature and Development of Spiritual Consciousness*, publicada em 1911.

Desde 2000, a Igreja da Inglaterra comemora Underhill liturgicamente em 15 de junho. Ela também é homenageada nesse dia no calendário litúrgico da Igreja Episcopal dos Estados Unidos.

Lista de obras[4]

Poesia

- The Bar-Lamb's Ballad Book (1902).

---
[4] Dados extraídos de deorg//Evelyn_Underhill.

- Immanence (1916).

- Theophanies (1916).

Novelas

- The Grey World (1904).

- The Lost Word (1907).

- The Column of Dust (1909).

Obras sobre Religião

- Mysticism: A Study of the Nature and Development of Man's Spiritual Consciousness (1911)

- The Path of Eternal Wisdom. A mystical commentary on the Way of the Cross (1912).

- The Spiral Way. Being a meditation on the fifteen mysteries of the soul's ascent (1912).

- The Mystic Way. A psychological study of Christian origins (1914).

- Practical Mysticism. A Little Book for Normal People (1914)

- The Essentials of Mysticism and other essays (1920)

- The Life of the Spirit and the Life of Today (1920).

- The Mystics of the Church (1925).

- Concerning the Inner Life (1927)

- Man and the Supernatural. A study in theism (1927).

- The House of the Soul (1929).

- The Light of Christ (1932).

- The Golden Sequence. A fourfold study of the spiritual life (1933).

- The School of Charity. Meditations on the Christian Creed (1934)

- The Spiritual Life (1936);

- The Mystery of Sacrifice. A study on the liturgy (1938).

- A meditation on the Lord's Prayer (1940).

- The Letters of Evelyn Underhill (1943)

- Shrines and Cities of France and Italy (1949)

- Fragments from an inner life. Notebooks of Evelyn Underhill (1993)

Carlos Alberto Tinoco

OS CHAKRAS[5]

1º CHACKRA-CENTRO BASAL - VONTADE DE SER (MULADHARA)
Centro psíquico para a evolução da autonomia, identidade e sobrevivência. Relacionado a quantidade de energia e vontade de viver na realidade física, Potência e "presença" físicas.

Localização: no períneo
Elemento: Terra
Qualidades: solidez, permanência, segurança, satisfação
Princípio básico: constituição física do ser
Aspectos internos: senso de realidade, estabilidade

Correlações físicas: anus, reto, intestinos; tudo que duro: coluna, sacro, ossos, dentes
Glândula: supra-renais
Hormônios: adrenalina, noradrenalina
Plexo nervoso: coccígeno
Sistema fisiológico: reprodutivo
Sentido: olfato
Cor: vermelho-fogo

Mantra: LAM
Animal: elefante
Hiperatividade: interesse excessivo por bens materiais e segurança, avidez por satisfações pessoais, tendência a se proteger e se isolar, apego e retenção, reações agressivas, impaciê competitividade e egocentrismo.

Hipoatividade: debilidade física e psíquica, timidez, sentimento de inferioridade, medo, remorso, falta de estabilidade e de força de vontade, crise de identidade, "não tem os pés no chão"
Distúrbios físicos: anemia, deficiência circulatória, hipotensão, deficiência das supra renais, prisão de ventre, hemorróidas, ciática

---

[5] GAERTNER, Gilberto. *Chakras*. Curitiba: apostila do autor, s/d.

2º CHACKRA-CENTRO SACRO-VONTADE DE TER (SVADDHISTANA

Centro psíquico para a evolução do desejo pessoal e de força emotiva. Relacionado a expressão das emoções sensuais e da sexualidade, a intensidade qualidade de amor ao sexo oposto.

Localização: acima do púbis
Elemento: Água
Qualidades: fluidez, maturidade, suavidade
Princípio básico: reprodução criativa do ser
Aspectos internos: emoção e sexualidade

Correlações físicas: órgãos reprodutores, rins, bexiga, quadris; tudo que é líquido:
Sêmen, urina, sangue
Glândula: gônadas (testículos e ovários)
Hormônios: estrogênio, testosterona
Plexo nervoso: sacro
Sistema fisiológico: genitourinário
Sentido: paladar
Cor: escarlate

Vogal: o (fechado)
Mantra: VAM
Animal: crocodilo
Hiperatividade: hipersexualidade, fantasias sexuais exageradas, perversão sexual,
sexualidade grosseira
Hipoatividade: desinteresse sexual, sexualidade reprimida, frieza sexual, impotência,
não se acha atraente
Distúrbios físicos: problemas genito-urinários, tumores na bexiga e nos genitais,
prostratite

3º CHACKRA-CENTRO SOLAR-VONTADE DE SABER (MANIPURA)
Centro psíquico para a evolução do poder pessoal, do ego, da personalidade. Relacionado com a identificação social, com a afinidade com os outros e com as do mundo.

Localização: no plexo solar
Elemento: fogo
Qualidades: calor, combustão, assimilação purificação
Princípio básico: afirmação do ser
Aspectos internos: poder pessoal

Correlações físicas: estômago, baço, fígado, vesícula biliar, cavidade abdominal, diafragma
Glândula: pâncreas
Hormônios: insulina, bílis
Plexo nervoso: solar
Sistema fisiológico: digestivo
Sentido: visão
Cor: nuvens carregadas de chuva

Vogal: o (aberto)
Mantra: RAM
Animal: carneiro
Hiperatividade: dominação e controle, agitação mental e insatisfação, preocupações e obsessões, rigidez mental, busca de sucesso e reconhecimento, preconceitos, descontrole emocional, irritabilidade, tirania
Hipoatividade: ineficácia, dúvidas, culpa, vê dificuldades em tudo, abatimento, rejeição dos sonhos e emoções vitais, dependência, medo de desafios e de novos desafios, dificuldades intelectivas
Distúrbios físicos: problemas digestivos, ulceras digestivas, hepatites, diabetes, hipoglicemia, cálculos biliares

4° CHACKRA-CENTRO CARDÍACO-VONTADE DE AMAR (ANÁHATA)
*Centro psíquico para a evolução do amor universal (compaixão)
Relacionado a capacidade de amar a si mesmo, aos outros e ao mundo*

Localização: no estemo, ao nível do coração
Elemento: Ar
Qualidades: vivacidade, mobilidade, gentileza, leveza
Princípio básico: abnegação do ser
Aspectos internos: amor

Correlações físicas: Coração, pulmões (área inferior), seios, pele, sistema circulatório e imunológico (timo)
Glândula: timo
Hormônios: timosina
Plexo nervoso: cardíaco
Sistema fisiológico: circulatório
Sentido: tato
Cor: carmesin brilhante

Vogal: a
Mantra: YAM
Animal: antílope
Hiperatividade: amor em troca de reconhecimento, concede amor mas não aceita, excesso de simpatia, extrema sensibilidade emocional, euforias, oscilações emocionais intensas, pânico
Hipoatividade: vulnerável e dependente de afeto, muito ferido quando rejeitado, afeição impessoal (para não se envolver), frieza e indiferença, tristeza, depressão
Distúrbios físicos: problemas cardiovasculares e respiratórios, palpitações, arritmia, rubor, hiperventilação, deficiência imunológica, doenças auto-imunes, câncer

5° CHACKRA-CENTRO DA GARGANTA-VONTADE DE CRIAR (VISHUDDA)
Centro psíquico do foco criativo transpessoal
Relacionado a capacidade de expressão humana, a comunicação e a inspiração

Localização: no centro da garganta
Elemento: Éter
Qualidades: puro espaço
Princípio básico: ressonância do ser
Aspectos internos: comunicação, vontade

Correlações físicas: garganta, nuca, cordas vocais, traquéia, boca, laringe, pulmões (área superior), brônquio
Glândulas: tireóide, paratireóide
Hormônios: tiroxina
Plexo nervoso: faríngeo
Sistema fisiológico: respiratório
Sentido: audição
Cor: rosa fosco

Vogal: e
Mantra: HAM
Animal: elefante
Hiperatividade: bloqueio entre a cabeça e o corpo, cisão entre pensamento e emoções, verborragia, linguagem rude ou objetiva e fria, gagueira, voz alta e sem conteúdo, mau uso do potencial criativo
Hipoatividade: dificuldade de se expressar, nó na garganta, voz oprimida, gagueira, bloqueio criativo, auto reprovação, falta de fé, muito influenciável pela opinião alheia, frustração, medo do fracasso e do sucesso
Distúrbios físicos: hipo ou hipertireoidismo, laringite, resfriados, gripes, herpes labial, Distúrbios da voz

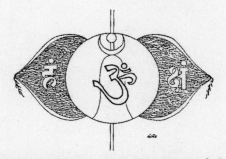

6° Chackras – Centro Frontal – Vontade De Liderar (ÁJÑA)
Centro psíquico para a evolução do desejo de liderar
Relacionado a capacidade de visão clara além das aparências (clarividência) e percepção profunda.

Localização : entre as sobrancelhas.
Elemento : --
Qualidade : comando.
Principio básico : auto-conhecimento.
Aspectos internos : intuição, visão interior.

Correlações físicas : olhos, ouvidos, nariz, seios faciais, cerebelo, medula espinal.
Glândula : hipófise (quando o 7 chackra se abre, polariza-se com a pineal).
Hormônios : pituitrina
Plexo nervoso : carotídeo, hipotálamo.
Sistema fisiológico: neurovegetativo.
Sentido : todos, incluindo os parapsíquicos.
Cor : branco brilhante como a lua

Vogal : i .
Mantra : OM .
Hiperatividade : rigidez mental, intelecto muito desenvolvido sem percepção espiritual, Arrogância intelectual, racionalismo, manipulação mental, idéias fortes mas negativas, Materialismo, alienação.
Hipoatividade : idéias criativas obstruídas, boas idéias que não funcionam, crença exclusiva no visível, incapacidade de analises mentais, rejeição de verdades espirituais; esquecimentos, pensamentos obscuros e emaranhados, comportamento regido por padrões emocionais
Distúrbios físicos : sinusites, catarata, distúrbios dos órgãos dos sentidos, grandes desequilibrios endócrinos.

7° Chackra – Centro Coronário – Vontade De Servir(SAHASRARA)
Centro psíquico para a unificação transcendente.
Relacionado a conexão com a espiritualidade e integração de todo o ser.

Localização : no topo da cabeça.
Elemento :
Qualidades : experiência subjetiva da totalidade.
Princípio básico : o ser puro.
Aspectos internos : busca espiritual.

Correlações físicas : cérebro, córtex cerebral, hemisférios cerebrais.
Glândula : pineal.
Hormônio : serotonina.
Plexo nervoso : córtex cerebral.
Sistema fisiológico : sistema nervoso central.
Sentido :
Cor : brilhante e mais branco que a lua cheia

Vogal : "m ".
Mantra :
Hiperatividade : disfunções cerebrais, psicoses, aberrações psicomentais, demência, Depressão mórbida, medo de insanidade, possessões, surtos.
Hipoatividade: sentimentos de insegurança e desorientação, sensação de falta de sentido Na própria vida, medo da morte – especialmente nas fases dominantes.
Distúrbios físicos : pressão na cabeça, derrame cerebral, tumor no cérebro.

A "ENERGIA" KUNDALINI

A palavra kundalini é a forma feminina de kundala, que significa "enroscada". Trata-se de uma energia psicoespiritual que está enroscada no chakra muladhara, no períneo. Sua natureza seria "consciência pura". As escrituras falam da serpente kundalini, que dorme no primeiro chakra, com três voltas e meia.

Sob o ponto de vista metafísico, kundalini é a manifestação do poder feminino do universo denominado Shakti, a energia primordial. Trata-se de um poder consciente e inteligente.

A expressão "energia" para descrever a kundalini é inadequada, pois já possui uma acepção mais compatível na Física. Aqui, esse termo foi usado por dificuldades semânticas. Não existe, em nosso idioma, nenhuma palavra capaz de descrever ou definir o que seja kundalini.

O Tantrismo diz que a experiência humana máxima é a ascensão da kundalini por meio da nadi Sushumna até alcançar o chakra sahasrara, no topo da cabeça, quando, então, ocorre a iluminação espiritual, o estado de kaivalya. As Upanishads do Yoga apresentam algumas técnicas para produzir essa ascensão. A combinação de asanas, pranayamas, bandhas e mudras produzem a subida da kundalini. Os pranayamas, por si só, podem gerar tal efeito se o processo for orientado por um mestre espiritual competente. Não se deve tentar essa proeza sozinho.

Os sintomas da ascensão da kundalini são diversificados. Sensação de calor na região coccigeana, sensação de aperto no coração, calores no peito ou na altura de qualquer chakra podem representar esses sintomas. A chegada da kundalini no topo do crânio quando ela migra por meio da nadi Sushumna é a experiência humana de pico, a iluminação espiritual, a libertação da roda do samsara.

Ocasionalmente, o despertar da kundalini pode ocorrer, e por ser um fato espontâneo, pode ocorrer com pessoas que não possuem experiências com o Yoga. Sob o ponto de vista do Yoga, essas subidas espontâneas da kundalini são devidas aos esforços realizados em outras vidas, na prática do Yoga.

Os textos enfatizam que poucos praticantes são afortunados pela subida completa da kundalini. Tal fato pode ocorrer pela graça do guru. Também, pode ocorrer durante os processos de iniciação, ou pela prática de Hatha e Raja Yoga.

Um exemplo moderno de experiência com a kundalini é o fato ocorrido com o funcionário público da Caxemira, Gopi Krishna. Após meditar durante 17 anos, ele passou por essa fantástica experiência de modo súbito e arrasador. Há um trecho escrito por Gopi Krishna que relata o fato com ele ocorrido. Ele estava meditando e:

"Subitamente, com o fragor como de uma cascata, senti uma torrente de ouro líquido entrando no meu cérebro através da espinha dorsal.

A iluminação foi crescendo; cada vez mais brilhante, o fragor cada vez mais alto....Eu me tornei um vasto círculo de percepção, no qual o corpo não passava de um ponto, banhado de luz e num estado de exaltação e felicidade impossíveis de descrever".

Gopi Krishna tentou despertar a atenção do Ocidente para a importância de se estudar cientificamente o problema da kundalini. Para que isso possa ser pensado, precisamos elaborar a tradução e realizar estudos de textos Tântricos sobre o tema e de mais riqueza conceitual. De um modo estranho, Gopi Krishna admitia que a kundalini era de natureza biológica, o que torna o assunto mais confuso para nós ocidentais. Estou certo de que, enquanto nós mesmos não passarmos pela experiência da ascensão da kundalini, nada de concreto podemos dizer sobre o tema. Trata-se de uma experiência pessoal e intransferível. A kundalini pode subir até a altura de qualquer chakra, causando sensação de calores e frios nas partes do corpo que correspondem aos locais onde esses centros se localizam. Ao chegar até o manipura, por exemplo, esse centro é ativado e manifestações psíquicas a ele correspondentes passam a se manifestar.

Um fato muito importante deve ser aqui registrado: as experiências errôneas com a kundalini. Quando se produz uma experiência errada, loucura, esquizofrenia, profunda depressão, medos mortais e outros sintomas mórbidos podem ocorrer, podendo levar quem assim experiencia ao suicídio.

A kundalini deve ascender através da nadi Sushumna, que é o canal central. Caso a referida ascensão ocorra por Ida ou Pingala, os resultados serão nefastos. O próprio Gopi Krishna passou por uma experiência malograda, salvando-se milagrosamente. No auge do seu horror, ele descreve:

"Minha inquetude cresceu de tal modo que eu não podia ficar sentado, quieto, nem mesmo por meia hora. Quando tentava descançar, minha atenção era arrastada irresistivelmente em direção aos estranhos acontecimentos da minha mente. Com isso, meu atual e sempre presen te sentimento de pavor se intensificava e meu coração palpitava violentamente. Tinha que distrair meu próprio estar-atento para algo mais, a fim de libertar-me do horror de minha própria condição".

Se você está iniciando seu caminhar no Yoga, não tenha pressa. Não procure desenvolver técnicas de kundalini solitariamente. É muito perigoso. A kundalini deve ser despertada devagar por intermédio das práticas do Hatha Yoga e do Raja Yoga, conforme já foi dito. Para ocorrer a ascensão da kundalini, o sistema nervoso e o corpo devem estar preparados. Se por acaso aparecer o convite de um "amigo" dizendo-se competente para trabalhar sua kundalini, por favor não se envolva. Somente os mestres, os sat-gurus, devem e podem trabalhar a kundalini. Essas pessoas existem, mas são raras e discretas. Comece seu trabalho pelo princípio. Kundalini é o final da caminhada. Pratique sem expectativas e aguarde.[6]

(com/search?q=desenho+da+kundalini&client=firefox-b-d&sca_es)

---

[6] Extrapido de KRISHNA, Gopi. **O Despetar da Kundalini**. São Paulo: Editora Pensamento, 1988. p. 02.

TÚMULO DE SÃO PEDRO, APÓSTOLO

O que se sabe sobre a localização dos restos mortais do Apóstolo Pedro? Será possível saber algo sobre esse tema de tamanha importância para história do cristianismo?

O Túmulo de São Pedro é um local sob a Basílica de São Pedro que inclui diversas sepulturas e mausoléus, e o túmulo de São Pedro, bem como uma estrutura para abrigá-lo, está no extremo oeste de um complexo de mausoléus conhecido como Necrópole Vaticana, que data aproximadamente de 130 d.C. O complexo original foi enchido com terra para fornecer uma fundação para o primeiro edifício da Basílica de São Pedro durante o reinado de Constantino I, em aproximadamente 330 d.C. Os ossos de São Pedro encontram-se no pé de uma edícula abaixo do soalho.

As pesquisas iniciais da década de 1930 e década de 1940 foram encerradas com a descoberta do túmulo de São Pedro. Porém, os seus ossos não foram inicialmente encontrados, tendo sido descobertos, ao redor do túmulo, os restos mortais de quatro indivíduos e de diversos animais de utilização agrícola. A descoberta foi anunciada pelo Papa Pio XII no ano de 1950. Apenas em 1953, sob a chefia da criptógrafa Margherita Guarducci, uma nova pesquisa foi feita, tendo sido descoberto ossos removidos sem o conhecimento dos arqueólogos de um lóculo no lado norte de uma parede com uma inscrição em vermelho à direita, dizendo "Petrós Aní", que, em grego, significa "Pedro está aqui". Todas as inscrições foram examinadas por Guarducci e consideradas legítimas.

Não eram adições feitas posteriormente, mas tinham sido gravadas na época do sepultamento. O arqueólogo Antonio Ferrua descobriu características das substâncias químicas contidas na ossada que confirmaram que estas eram pertencentes a um homem que viveu a maior parte de sua vida próximo ao lago de Tiberíades, na Galileia. O teste subsequente indicou que esses eram os ossos de um homem com uma idade de 60 a 70 anos. Considerando o local em que foi encontrado os ossos, bem como sua idade, do templo e das catacumbas ao redor, e também de outros registros históricos, provavelmente trata-se dos ossos de São Pedro.

Entre 1939 e 1949, a equipe de arqueólogos do Vaticano conduzidos e vigiados pelo monsenhor Ludwig Kaas, que tinha autoridade total sobre o projeto, descobriu um complexo de mausoléus pagãos e cristãos sob as fundações da basílica de São Pedro, datando do segundo e do terceiro séculos. A construção da Antiga Basílica de São Pedro por Constantino I e as fundações para o Baldaquino de Bernini destruíram a maioria das abóbadas dessas câmaras semi-subterrâneas. Entre elas, estava o "túmulo do assim chamado Julii", com mosaicos que pareceram ser cristãos.

Igreja Primitiva e primeiro templo de São Pedro

Pedro foi executado no ano 64 d.C., durante o reinado do imperador romano Nero. Sua execução foi um dos muitos martírios de cristãos na sequência do grande incêndio de Roma. Ele foi crucificado de cabeça para baixo, a seu próprio pedido, perto do Obelisco no Circo de Nero. Relatos históricos indicam que os cristãos primitivos teriam pouca dificuldade em obter o corpo do apóstolo após seu martírio. Naquela época, era costume usual enterrar o cadáver tão próximo como possível à cena de sua morte. De acordo com esses relatos, ele foi enterrado em um latifúndio que pertencia a um proprietário cristão, por uma estrada que conduzia para fora da cidade de Roma, por meio de Cornelia (local de um cemitério pagão e cristão conhecido), na chamada Colina do Vaticano. O túmulo original parece ter sido uma abóbada subterrânea, aproximando-se da estrada por uma escada, e o corpo repousava em um sarcófago de pedra no centro dessa abóbada. Na Igreja Primitiva, frequentemente referia-se ao local como sendo o túmulo conjunto de São Pedro e São Paulo.

Aproximadamente em 170 d.C., Dionísio, Bispo de Corinto, escreveu à igreja de Roma, agradecendo pela sua ajuda financeira na época do Papa Sotero, citando um templo com o túmulo do apóstolo Pedro. Naquela época, era necessário permissão oficial para acesso a um monumento cristão, sendo o local da sepultura de Pedro um dos primeiros santuários a ser construído para o culto do mártir.

Outra evidência da existência do túmulo nesse local data do início do segundo século, em um escrito do presbítero Caio, que diz haver um templo no monte Vaticano com o túmulo dos apóstolos que fundaram a Igreja de Roma, referindo-se a eles como trophoea, isto é, troféus, sinais ou memoriais de vitória.

Na Igreja Primitiva, esses túmulos eram objetos de peregrinação. Devido à perseguição aos cristãos sob o reinado de Valeriano, alguns historiadores sugerem que, em 258, os cristãos viram-se obrigados a remover essas relíquias para as Catacumbas de São Sebastião, onde poderiam ser veneradas sem represália das autoridades ou profanação por parte dos pagãos. Quando a perseguição se tornou menos aguda, as relíquias foram trazidas novamente para o Vaticano e colocadas em seu túmulo original novamente.

Em 1942, o administrador das escavações de São Pedro, monsenhor Ludwig Kaas, encontrou os ossos de São Pedro, já presumindo tratar-se das relíquias do santo e acreditando não estarem sendo guardadas com o respeito que mereceriam. Requisitou secretamente que fossem armazenadas em outro local sob sua custódia. Após a morte de Kaas, a professora Margherita Guarducci, chefe da nova pesquisa, descobriu essas relíquias.

Guarducci concluiu que os ossos pertenciam a um homem robusto que tinha morrido entre os 60 e os 70 anos e que tinha sido enterrado embrulhado num pano roxo e dourado. A professora informou ao Papa Paulo VI, após vários testes, de que se tratavam dos ossos de São Pedro. Em 26 de junho de 1968, o Papa Paulo VI anunciou que as relíquias de São Pedro tinham sido identificadas "de uma forma convincente".

Sem testes de DNA que comprovem a conclusão, o debate sobre os ossos pertencem ou não a um dos apóstolos de Jesus

Cristo deverá continuar, mas o Vaticano já disse que "não tem intenção de abrir nenhuma discussão".

Em novembro de 2013, os ossos foram mostrados pela primeira vez na cerimónia de encerramento do "Ano da Fé", conduzida pelo Papa Francisco. Centenas de milhares de peregrinos juntaram-se para verem os oito fragmentos de ossos, com entre dois a três centímetros de comprimento, exibidos numa cama de marfim dentro de um baú de bronze, que estava exposto num pedestal na Praça de São Pedro, na Cidade do Vaticano.[7]

(Baldaquino da Basílica moderna de São Pedro, de Bernini. O túmulo de São Pedro encontra-se diretamente abaixo desta estrutura) Túmulo_de_ São_Pedro).

[7] Dados extraídos de: org/wiki/Túmulo_de_São_Pedro.

Carlos Alberto Tinoco

III